AF440264

DE L'ARTICLE 75

ET

DES RESPONSABILITÉS A REBOURS

PAR

ERNEST GERVAIS

AVOCAT A LA COUR DE PARIS

PARIS

E. MAILLET, LIBRAIRE-ÉDITEUR

15, RUE TRONCHET, ET 72, BOULEVARD HAUSSMANN

A LA LIBRAIRIE GÉNÉRALE

1870

A MESSIEURS

CORPS LÉGISLATIF

I

Haro sur l'article 75 !

C'est le cri général, prolongé, retentissant.

Et je ne puis qu'applaudir à ce cri.

L'œuvre ténébreuse accomplie au lendemain de brumaire montre là surtout son esprit liberticide, et son adresse à faire passer le plus triste, le plus étrange et le plus pernicieux des paradoxes politiques sous les dehors d'une simplicité de haut apprêt.

Je viens de relire cet article étonnant :

« Les agents du gouvernement, autres que les ministres,
« ne peuvent être poursuivis pour des faits relatifs à leurs
« fonctions qu'en vertu d'une décision du conseil d'État ;
« en ce cas la poursuite a lieu devant les tribunaux ordi-
« naires. »

Quatre lignes, et c'est tout. Mais dans ces quatre lignes tout un système, dont s'inspire entièrement la Constitution de Siéyès, et qui, sous tant de régimes successifs et divers, n'a cessé d'étreindre la France depuis soixante-dix ans.

Il faut bien le dire, les gouvernements les plus libéraux, sans en excepter la République de 48, n'ont pas eu d'antipathie pour l'article 75.

C'est qu'aussi l'article 75 a ce premier mérite et cette qualité suprême d'être admirablement commode.

Commode à la fois pour ceux qu'il protége et pour ceux qui commandent à ses protégés, pour le mandataire et pour le mandant, pour le soldat et pour le chef.

C'est à lui qu'on doit les fonctionnaires zélés, obéissants, intrépides, poussant le dévouement jusqu'au fanatisme et l'ardeur jusqu'à l'aveuglement.

C'est à lui qu'on doit notre vigoureuse armée administrative, disciplinée comme l'autre et comme l'autre ne connaissant qu'une consigne, de l'exécution de laquelle elle ne rend compte qu'à ses supérieurs.

C'est à lui qu'on doit cette puissante solidarité qui s'étend du conseiller d'État au garde champêtre, en passant par le préfet et le commissaire de police.

Il groupe en effet et resserre dans une hiérarchie plus compacte et plus étroitement intéressée, ceux que la communauté d'origine, l'analogie relative des fonctions, le rapprochement des vues, les exigences de la carrière et les conditions de l'avancement ne disposent déjà que trop à former alliance, au moins défensive, en dehors du reste des citoyens.

Soigneusement choisis par le chef de l'État, ayant

donné des preuves d'attachement à sa personne et à sa cause, élevés à la même école, imbus des mêmes idées, procédant d'un même état de choses, il sont encore (je parle ici de la classe la plus élevée des fonctionnaires) gens pour la plupart du même monde.

Des souvenirs de jeunesse, d'anciennes amitiés, un continuel courant d'affinités sociales, tout vient augmenter la cohésion et la résistance du faisceau.

Et puis les occasions de contact ne manquent pas.

C'est un va-et-vient incessant par les bureaux du ministère et les salons du ministre. On y échange des impressions et des sourires, des poignées de main et des encouragements ; et, loin de perdre à vieillir, les bonnes relations des premières années s'y perpétuent et s'y consolident. La cordialité la plus franche préside à ces réunions passagères, et, il faut bien le dire, nulle part, ailleurs, on ne se plaint moins de l'inévitable passe-droit.

Qu'est-ce maintenant que le conseil d'État ? A la fois une pépinière et une futaie, un gymnase et un état-major.

Il forme les jeunes aptitudes et recueille les vieux services !

Que de brillants auditeurs comptent parmi nos préfets à poigne, et se promettent bien de revenir au quai d'Orsay, conseillers austères !

Quelque heureuse campagne électorale n'a-t-elle pas suffi pour y conduire plusieurs de leurs devanciers ?

En attendant, ces devanciers sont leurs juges, ou plutôt, je me trompe, ils sont les juges de la poursuite intentée contre eux.

Aussi bien de deux choses l'une, ou la garantie administrative n'est rien qu'une entrave apportée à la marche normale de la justice, ou bien elle implique l'examen de certaines circonstances, de certains inconvénients, de certains périls qui doivent entrer en ligne de compte dans la décision à prendre.

Il y a là une mission presque paternelle, toute de pondération, et d'appréciation, et de discrétion, qui ne s'impose pas à la religion du Conseil dans les étroites limites où elle enfermerait celle d'un tribunal.

Dans beaucoup de cas, et à moins que *ça ne soit trop fort*, il vaudra mieux éviter le scandale d'un procès. Je ne crois malheureusement pas qu'une telle interprétation soit contraire à l'esprit de l'article 75.

Eh bien, avec cette latitude ouverte à la conscience non de ces juges, mais de ces tuteurs, étant donné ce que nous savons, l'esprit de corps, la camaraderie, ou la raison d'État, le résultat voulu par les amis d'un pouvoir fort se trouve atteint magistralement.

L'administration française avec ses rouages si multipliés et si complexes n'en est pas moins un mécanisme d'une prodigieuse unité.

Point de corporation dont la vaste personnalité soit plus sensible à la fois et se fasse mieux sentir.

Essentiellement tutélaire quand il s'agit des siens, elle ne sacrifiera pas volontiers le moindre de ses membres.

En somme, celui qui se pourvoit en autorisation de poursuites n'attaque pas tel ou tel devant tels ou tels, il attaque l'administration devant l'administration. Celle-là n'a donc plus qu'à se défendre devant celle-ci. Bien souvent la tâche deviendra facile.

Voyez-vous cet ancien préfet en face de quelque pecca-
dille commise par son successeur?

« Ah! s'écriera-t-il, *si j'étais à sa place!* ou bien : *quand
j'étais à sa place!* » Et il refusera l'autorisation.

C'est une maxime, dit-on, parmi les mandarins (la
Chine est si arriérée!) qu'un supérieur doit toujours *couvrir*
son subordonné, quitte, sous le manteau de la cheminée, à
lui faire expier par une verte semonce la maladresse qu'il a
eue de se laisser prendre.

Je ne puis supposer une minute que cette maxime-là
soit en faveur parmi les administrateurs français. Mais
qui de nous cependant n'a reçu de ces confidences étour-
dissantes :

« Eh, cher ami, si tout devait se passer légalement, on
« ne trouverait pas un fonctionnaire. — Rien ne marche-
« rait sans une petite entorse à la loi, donnée de temps en
« temps. — L'autorité ne peut pas avoir tort, etc., etc. »
J'en passe, et des meilleures.

Cela nous est dit avec tant de naturel et de conviction,
qu'on ne saurait vraiment s'en fâcher.

Hélas! ces braves gens-là ne se bornent pas à croire ce
qu'ils disent; ils prouvent encore qu'ils le croient.

Comme ils vont te regretter, bienheureux article 75!

II

Assurément ce sera une précieuse victoire que celle qui
nous est promise, j'entends la suppression probable et pro-
chaine de la garantie administrative. Mais cette victoire
sera-t-elle une solution, et, ce premier pas fait, ne restera-
t-il plus rien à faire? Mieux vaudrait, à mon sens, terminer
la besogne d'un coup que d'avoir à la reprendre en sous-
œuvre après quelques années ou quelques mois.

L'article 75, en effet, n'est rien qu'une sorte d'ouvrage
avancé, derrière lequel se développe tout un système de
fortifications singulièrement perfectionné par les Vaubans
de 1852. La Constitution du 14 janvier 1852 est une savante traduction de celle du 22 frimaire an VIII. Portant
comme elle un Empire dans ses flancs, elle a voulu mieux
qu'elle satisfaire aux convenances d'une gestation plus ra-
pide et d'un moins douteux enfantement.

Et comme l'araignée tire d'elle-même la toile dont elle
fait à la fois son habitation, sa défense et son piége, elle a
su être tout ensemble la productrice, le centre et le point
d'appui du réseau dont elle a couvert la France.

J'appellerai volontiers ce réseau, celui des responsabi-
lités à rebours. Et qu'on ne m'oppose point le sénatus-consulte récent dont vient de me doter un libéralisme *in ex-
tremis*.

Sauf l'initiative (1) rendue aux représentants de la na-

(1) L'initiative parlementaire entraînait bien entendu l'élection du
bureau par la Chambre.

tion, germe sans prix s'il vient à être fécondé et vivifié, je ne vois plus rien dans cette œuvre fameuse qui soit un explicite et formel abandon des prétentions du Constituant de 1852.

Sans doute les ministres y sont dits responsables.

Mais responsables, devant qui?

D'une part, ils ne dépendent que de l'Empereur.

D'autre part, ils ne peuvent être mis en accusation que par le Sénat, une assemblée dont les membres sont issus des volontés et des préférences de l'Empereur.

Enfin la haute Cour, dont ils sont les justiciables, ne peut être saisie que par un décret de l'Empereur.

Vraiment, que reste-t-il à voir au pays dans ce genre de responsabilité?

Et il se trouve des esprits indulgents pour appeler un retour au régime parlementaire, ce qui n'est qu'une fausse sortie du pouvoir personnel.

Quelle est la base même et qu'est-ce qui marque le virtuel point de départ du régime parlementaire?

C'est le droit de mise en accusation dont sont armés les représentants du pays.

Par là seulement les députés ont barre sur les ministres.

En effet, qui peut le plus peut le moins.

Dès lors tout vote défavorable devient un avertissement, et le cabinet blâmé doit disparaître, sous peine de rébellion.

Mais cette responsabilité vague, n'ouvrant aucune action en faveur des représentants du pays, suspendue pour la forme sur la tête de nos Damoclès à portefeuille par tant de fils embrouillés que le chef de l'État continue à réunir en sa main, demeure vraiment ce qu'elle était depuis dix-huit ans bientôt, une responsabilité à rebours.

Il est vrai que l'on argue de ce même air d'indécision pour deviner une amélioration. Quant à moi, je préfère de beaucoup la franchise de la formule primitive.

« Les ministres ne dépendent que du chef de l'État ; ils
« ne sont responsables que chacun en ce qui le concerne
« des actes du gouvernement ; il n'y a point de solidarité
« entre eux. Ils ne peuvent être mis en accusation que
« par le Sénat (art. 13 de la Constitution du 14 jan-
« vier 1852). »

C'est que l'article V venait de poser la règle fondamentale et toujours subsistante.

« Le président de la République (lisez l'Empereur, sé-
« natus-consulte du 7 novembre 1852) est responsable
« devant le peuple français, auquel il a toujours le droit
« de faire appel. »

Voilà vraiment le sublime de ce genre de responsabilité dont je parlais tout à l'heure !

L'Empereur est responsable devant le peuple français ; il a toujours le droit de se présenter devant son juge.

L'action publique est entre ses mains ; il daigne s'accorder la faculté chère à nos cœurs de la tourner au besoin contre lui-même.

Que si, par malheur, le vent qui souffle à Compiègne venait à jeter au front du vainqueur de Décembre quelque inspiration détestable, s'il se hasardait à concevoir et à tenter quelque nouveau coup de force, la Constitution lui réserverait le droit de s'ajourner devant le tribunal qu'il s'est choisi..... et le réserverait à lui seul.

Étrange accusé, s'attribuant par avance le monopole de l'accusation !

Je ne parle ici que pour mémoire des crimes et délits de droit commun ; l'impeccabilité impériale se présume.

Devra-t-elle toutefois s'étendre aux personnages qui, par le hasard de la naissance ou le choix du souverain, se trouvent avoisiner les marches du trône ?

Non pas. Un sénatus-consulte devenu tout à l'heure célèbre a prévu ce cas.... invraisemblable.

« La haute Cour de justice organisée par le sénatus-consulte du 10 juillet 1852 connaît des crimes et délits commis « par des princes de la famille impériale et de la « famille de l'Empereur, par des grands officiers de la « Couronne, par des grands-croix de la Légion d'hon- « neur, par des ambassadeurs, par des sénateurs, par des « conseillers d'État » (art. 1er du sénatus-consulte du 4 juin 1858).

De l'article 2, il résulte que l'Empereur seul peut saisir la haute Cour.

La belle aubaine, en vérité, pour les petites gens qui auront maille à partir avec les princes !

La haute Cour est comme le préteur : *Non curat de minimis.*

On est battu, on paye l'amende, et..... tant pis si l'on n'est pas content.

Demandez plutôt à ce malavisé plaideur qui se fâchait l'autre jour pour des coups de canne.

Le pire en cette affaire, c'est que le tribunal a peut-être bien jugé !.....

Aussi que penser de tout cet enchevêtrement, de tout ce croisement d'exceptions au droit commun ?

Que penser de ces lois de convenance, toutes se juxtaposant, se superposant, et s'accordant néanmoins dans leur diversité savante, comme les engrenages d'une montre fort compliquée ?

A chaque pas nous rencontrons méconnu et violé ce grand et salutaire principe de l'égalité devant la loi.

C'est à chaque pas la responsabilité menteuse et honteuse, la responsabilité qui se replie sur elle-même et, par une monstrueuse pétition de principes, s'affirme pour se refuser.

Le système entier, le voilà.

Toute responsabilité de fonctionnaires, y compris les ministres et l'Empereur, reflue vers l'Empereur.

Lui-même est responsable à peu près comme l'Empire a été la Paix.

C'est là que nous conduit l'article 75, bien étudié et bien mis en œuvre.

N'y a-t-il pas une harmonie parfaite et un remarquable parallélisme entre ces deux aphorismes légaux ?

Nul ne poursuivra l'administration qu'avec son assentiment.

L'Empereur seul poursuivra l'Empereur.

III

Quoi qu'il en soit, le premier de ces contre-sens disparaît. Ce n'est déjà plus qu'un souvenir. L'opinion souveraine a prononcé. Mais tant que le second subsistera avec les appréhensions qu'il suscite, les menaces qu'il contient, et le tout-puissant mécanisme qu'il a développé autour de lui, je ne pourrai croire la liberté individuelle pleinement sauvegardée.

Ici, je touche à un problème très-grave, celui de l'organisation judiciaire. Je n'ignore pas la somme de talent, de science et d'intégrité que représente notre magistrature.

Plus d'un parmi ceux qui siégent dans nos prétoires, ou qui occupent le banc élevé du ministère public, fut mon compagnon d'études ou de stage ; et je me plais à reconnaître en lui la dignité du caractère, l'entente heureuse de la science, et ce précieux acquis de la parole que nous recherchions tous en commun.

Aussi n'hésiterai-je pas à déclarer que la magistrature française est impartiale.

Parmi tant de camarades sympathiques à ma jeunesse, pas un ne m'a paru, qui fût capable un jour de vendre la justice à prix d'or.

Pas un qui dans le moindre mot semblant une ouverture faite à pareil marché, ne fût prêt à voir une insulte et la moins réparable de toutes.

Pas un qui, se trouvant en face des conditions et des exigences de la carrière qu'il voulait embrasser, fût capable de mettre à une heure quelconque ces exigences et ces conditions en balance avec son honneur.

La magistrature française est composée d'hommes qui se respectent. Donc, je le répète, elle est impartiale.

Mais, hélas! qu'est-ce que l'impartialité humaine?

A côté de ces règles inflexibles dont nulle conscience digne de ce nom ne saurait s'écarter, ne s'élève-t-il pas tout un monde indécis d'appréciations, d'investigations et d'examens?

Pour la plupart du temps, le fait entoure et circonscrit le droit. Et le fait n'est-il pas toujours matière à raisonnements captieux, à commentaires habiles, à complaisantes hypothèses?

Donc, pour bien juger le fait, l'indépendance du caractère ne suffit pas : il y faut joindre l'indépendance d'esprit.

Avec notre organisation judiciaire et son fonctionnement actuel, l'indépendance d'esprit sera souvent difficile au juge.

C'est qu'en effet le pouvoir de juger est encore une délégation de l'exécutif. Comme le préfet, comme le membre du conseil d'État, le juge est choisi par l'Empereur.

Et l'Empereur (ce n'est pas là ce dont je lui saurais faire un crime) se garde bien de choisir parmi ses adversaires les délégataires et les participants de son autorité.

Dix-huit années de pouvoir personnel ont dû nous donner une magistrature dévouée au pouvoir personnel, et dès lors exposée en toute affaire où le pouvoir dont elle procède se trouve partie intéressée, à subir de la meilleure foi du monde l'inconsciente pression de son loyal dévouement.

Tout contribue, en pareil cas, à accentuer la fausse position qu'elle doit à son origine.

Point de règles fixes pour l'avancement; le caprice omnipotent du souverain, distributeur suprême de toute récompense; les postes les plus élevés s'obtenant en dehors de la hiérarchie; dans la hiérarchie même, l'ascendant chaque jour plus marqué du procureur général établissant à son point de vue les titres et les mérites de chacun; puis cette déplorable institution de la statistique judiciaire, où les états de service de nos magistrats se chiffrent en quelque sorte par condamnations et par acquittements; une espèce d'enrégimentation tout arbitaire; enfin cet esprit de discipline qui sévit sur nous depuis dix-huit ans, menaçant d'envahir jusqu'au sànctuaire de la loi!

Cela n'était pas possible; cela n'a pas été jusqu'ici, et cela ne sera pas. Mais aussi bien est-il vrai de dire, en la réalité du fait, et pour qui se place à l'écart des fictions officielles, que le juge est lui aussi, et aujourd'hui plus que jamais, un fonctionnaire.

Je sais bien qu'on m'opposera l'exemple des gouvernements libres antérieurs à 1851, sous lesquels la nomination des magistrats de l'ordre judiciaire n'a point cessé d'appartenir au chef du pouvoir exécutif. Sauf le fameux décret sur les mises à la retraite, l'Empire n'aurait fait autre chose qu'accepter et maintenir un système dès longtemps établi.

Oui, sans doute. Mais c'est ici que se fait sentir le rigoureux enchaînement des logiques gouvernementales.

Rien n'était changé en apparence, et tout changeait effectivement.

Avec le régime parlementaire, le va-et-vient des majorités amenait au pouvoir toute une série de groupes d'opinions, de partis ou fractions de parti, de coalitions même soumises par nature à des influences mêlées.

Chacun des ministères successifs laissait après lui, dans l'ordre judiciaire comme ailleurs, un certain nombre de choix inspirés de son esprit, conformes à sa politique, dictés par la loi de sa multiple formation.

Tant d'alluvions superposées, provenant de tant de courants opposés ou divers, en se combinant et s'amalgamant ensemble, devaient faire à la longue de chacune de nos compagnies de justice un résumé probable des sentiments variés et des aspirations complexes du pays.

Autant qu'il est possible de soupeser les forces intellectuelles et morales qui meuvent les institutions humaines, la résultante de ces forces mutuellement contrariées devait donner une moyenne à peu près juste de l'esprit public et de l'esprit public tempéré, épuré, éclairé par la dignité des mœurs, le sérieux de la profession, l'amour du bien, l'habitude du travail et les lumières de la science.

Néanmoins, tous les hommes éminents qui, au cours de cette heureuse période, se sont transmis le maniement des affaires, tous ceux qui ont fait retentir la tribune de si magnifiques éclats, ont été d'accord pour refuser à la magistrature de leur temps la connaissance des procès politiques et des procès de presse.

Ils ne la croyaient pas encore assez dégagée, assez étrangère à l'attache gouvernementale, assez négligente des influences d'État.

Qu'est-ce, en effet, qu'un procès, sinon une lutte judiciaire? et toute lutte de ce nom suppose l'égalité entre les parties.

Y a-t-il bien égalité, si l'on accorde à l'une d'elles le privilége de nommer son juge?

Étant supposé quelque débat entre deux citoyens, admettra-t-on pour celui-ci le droit exorbitant d'imposer à l'adversaire des arbitres de son choix?

Mais ce serait le renversement de toutes les règles voulues pour l'équité naturelle?

Et qui va être bien mal à son aise? l'arbitre lui-même.

En repoussant les prétentions du puissant plaideur qui l'institue, il va, lui, se condamner à la défaveur.

Assurément il aura le courage d'une aussi généreuse ingratitude, étant honnête homme.

Mais pourquoi le placer ainsi entre son intérêt et sa conscience, entre ses sympathies et ses devoirs?

Or, toute juridiction humaine est une sorte d'arbitrage forcé. Et parce qu'il a le pouvoir pour adversaire, le citoyen a-t-il droit à moins de garanties?

Prenez garde alors qu'il ne se révolte par avance contre la situation bizarre qui lui est faite, et, pour se venger de l'anomalie des choses, n'en vienne à calomnier les hommes.

Pénible épreuve pour le magistrat que de se voir en butte au soupçon alors qu'il est le plus fidèle à l'honneur, et de rester attaquable en restant le plus intègre du monde!

Enlevez-lui donc cette gêne, ce fardeau, cette angoisse.

Qu'il n'ait plus à se prononcer sur des faits politiques, ou touchant à la politique, ceux, par exemple, et je rentre ici dans le vif du sujet, qui provoquent généralement l'action des particuliers contre les fonctionnaires.

Le plus souvent, c'est à propos de l'exercice d'un droit, de l'usage d'une liberté, de la mise en pratique d'une loi de progrès, que MM. les fonctionnaires se placent, par excès de zèle, sous le coup de poursuites trop bien motivées.

Et, je l'avoue, ces gens-là qui ont sans cesse à la bouche les mots de progrès, de droit et de liberté, ne se distinguent pas toujours, en outre, par un vif attachement à la dynastie.

Parfois c'est dans la chaleur de la bataille électorale ou à travers les bouillonnements de quelque émeute imaginaire.... C'est sur le boulevard des Italiens et au cimetière Montmartre, à Belleville et au boulevard Saint-Michel, qu'officiers de paix, commissaires de police et autres font l'exhibition de leurs talents répressifs au plus grand dommage des citoyens récalcitrants ou non.

Il faut le dire, c'est chose rare qu'un abonné du *Pays* ou du *Peuple français* ait à se plaindre de la façon d'agir des policiers.

Ceux-ci ont un instinct qui les porte à sévir contre les ennemis du gouvernement,

Lesquels, bien entendu, n'ont rien de plus pressé que de crier leurs griefs par-dessus les toits.

Leur impardonnable mauvais goût les pousse à confier aux cinq cent mille voix de la presse indépendante le récit des injures qu'ils ont dévorées, des coups dont ils gardent les traces et de l'arrestation fatale qui s'en est suivie.

Connus déjà par leurs opinions exaltées ou du moins hostiles, ils ne sauraient plus se présenter devant la justice qu'en hommes de parti.

Le gouvernement, d'autre part, se met lui-même indirectement en cause. L'agent qui s'est compromis pour lui sera entouré par lui de toutes les protections possibles.

A cet humble inspecteur de police, quelque défenseur, haut personnage et bien en cour, prêtera l'appui de sa parole. Le ministère public viendra sans doute en aide à la défense. Les supérieurs du prévenu lui feront cortége à la barre, au moins de leurs vœux.

Véritablement l'arène politique n'est-elle pas ouverte?

Oh! mais alors le magistrat, issu du choix de l'exécutif, n'a plus qualité pour juger.

Sa compétence tombe devant ce fait qu'il se trouve être la directe émanation de l'une des parties en cause.

Son intérêt moral est ici de se récuser.

Et puisqu'il ne peut le faire par lui-même, c'est à la loi de le relever d'une tâche aussi compromettante pour sa dignité que logiquement étrangère à sa fonction.

IV

Maintenant, je suppose accomplie la réforme salutaire qui vient d'être indiquée.

Le jury est appelé à connaître de tout différend entre administrés et administrateur.

Assurément il fera bonne justice, les éléments civiques dont il est composé nous donnant à cet égard de pleines et solides garanties.

C'est beaucoup... Ce n'est pas encore assez.

Des retranchements subsistent, à l'abri desquels l'arbitraire peut faire encore bonne défense et figure merveilleuse.

C'est, je le crois, une utile et précieuse institution que celle du ministère public.

Nos voisins, dit-on, nous l'envient..... nos voisins d'outre-Manche.

Ils ne vont pas toutefois jusqu'à nous l'emprunter, ce qui leur serait bien facile.

N'ont-ils pas, ces heureux voisins, qu'à vouloir pour avoir?

En tout cas, la solidarité puissante qui les unit, leur amour unanime et désintéressé du bien public, l'esprit d'initiative et d'association qui règne parmi eux, au besoin l'intervention de la couronne se faisant partie poursuivante et remettant la cause publique aux mains d'un avocat investi de sa confiance, tout cela remédie, en Angleterre, à l'absence d'une magistrature permanente, spécialement vouée à la défense de la société et à la poursuite des infractions dont souffre la loi.

Toutefois, je le répète, il me paraît légitime qu'il y ait un ministère public chargé de poursuivre au nom de tous et de suppléer à l'indifférence ou à la négligence des citoyens.

Mais là où cette excellente institution se montre à la fois défectueuse et périlleuse, c'est en ce qu'elle devient un monopole.

Si bien qu'en assurant la plupart du temps l'action complète et constante de la loi, elle acquiert aussi l'exorbitante faculté de paralyser au besoin cette action même.

Ajoutez à cela que nos parquets sont comme de juste entre les mains omnipotentes du ministre de la justice.

Comme il a le droit d'ordonner des poursuites, il a aussi le pouvoir de les empêcher.

Le magistrat, toujours révocable, qui se trouverait ici en désaccord avec son chef, devrait s'attendre à être brisé.

Cela se comprend, d'ailleurs ; car l'État s'attribuant par privilége ce droit régalien de poursuivre au nom de tous, doit surveiller l'usage qui peut en être fait par ses agents.

Une exception toutefois est admise.

Toute partie lésée, arguant d'un dommage personnel, peut agir au correctionnel par voie de citation directe.

Mais si le dommage est plus considérable, plus grave et plus criante la transgression dont vous vous plaignez, si vous avez eu à souffrir non d'un délit mais d'un crime, c'est au ministère public qu'il appartiendra de statuer tout d'abord sur votre plainte, et au cas seulement où il croira devoir poursuivre, vous aurez la ressource de vous constituer partie civile en Cour d'assises.

Or, le plus souvent, dans la matière qui nous occupe, les peccadilles familières à certains agents du pouvoir se compliquent de voies de fait, de coups et blessures, de séquestrations arbitraires etc., ctc., toutes circonstances qui dans l'espèce déterminent et qualifient des crimes.

Et, la connexité des faits voulant une seule instruction suivie d'un débat unique, la citation directe cesse d'être possible, et le parquet demeure l'arbitre suprême de la poursuite.

C'est donc un officier de police judiciaire, un fonctionnaire tout à fait dépendant et très-rationnellement devant dépendre du pouvoir exécutif qui va peser, examiner, apprécier vos griefs contre cet autre fonctionnaire dont vous avez à vous plaindre.

Franchement est-il bien apte à cette besogne, et que peut-on espérer de la pente naturelle de son esprit ?

Ne faudra-t-il pas que vous ayez dix fois raison pour que votre bon droit lui saute aux yeux ?

Et si cela est vrai des parquets civils (on me permettra pour la clarté de mes démonstrations çe rapprochement de mots qui n'a pas de sens dans la langue juridique), qu'arrivera-t-il au cas où les parquets militaires seraient appelés à connaître de votre plainte ?

Malgré mon instinctive et rationnelle aversion pour toute juridiction exceptionnelle, je ne déteste pas la façon très-courante et très-galante, et généralement fort humaine, dont fonctionnent la plupart de nos conseils de guerre.

Un conseil de guerre est une sorte de jury composé en

vertu d'un roulement qui n'a rien d'arbitraire , et tenant compte en beaucoup de cas de ces considérations d'équité difficilement accessibles à des magistrats de profession.

Grand nombre de leurs décisions sont à la fois justes et bonnes.

Et tout exceptionnelle qu'elle est, j'appellerais volontiers excellente en fait cette juridiction de famille si, en deux cas particuliers, l'esprit de corps ne tendait à faire irruption dans les sentences qu'elle peut rendre.

Ce que je reprocherais volontiers aux conseils de guerre, c'est d'abord une rigueur exorbitante en matière de manquements à la discipline, d'autre part une cruelle indulgence en face de ces méfaits qu'un spirituel écrivain a qualifiés de gaietés du sabre.

Cette double et pernicieuse tendance a dû se révéler plus d'une fois à la plupart de mes lecteurs, pour peu que la lecture du *Droit* leur soit devenue familière.

Or, il est une chose indubitable, c'est que nous comptons certains de nos fonctionnaires qui ne relèvent absolument que de ces tribunaux d'exception, et que l'autorité militaire, aussi bien qu'elle est seule apte à les juger, est également seule admise à mettre en accusation.

Et je ne parle pas ici des officiers de l'armée proprement dite, écrasés par la pesanteur de leur tâche, disposant mal à propos de forces trop faibles ou trop considérables, commandant trop tard l'ordre, bien simple, de croiser la baïonnette et trop tôt l'ordre sinistre de faire feu.

Je parle de ces excellents et placides et solennels administrateurs : — les gendarmes.....

De ces administrateurs à épaulettes, à baudrier jaune

ou à sardine blanche, comme a dit le chansonnier, mais qui, se laissant parfois aller à la conviction de leur importance, en arrivent à passer les bornes de la mission permise, et à commettre ainsi de véritables abus de pouvoir.

Qui ne se rappelle ce brigadier (il avait cru voir dans cette exigence l'accomplissement de son devoir) faisant de son autorité propre effacer une inscription gravée sur la demeure d'un citoyen ?

Et d'un acte aussi violemment arbitraire, ce brigadier n'avait de compte à rendre qu'à ses chefs.

Le citoyen lésé par lui ne pouvait espérer d'autre avocat, d'autre vengeur, disons-le bien haut, que M. le capitaine-rapporteur.

Que l'article 75 disparaisse, et pareille monstruosité restera possible.

Tout cela est dans le système.

Mais tenez, voici des souvenirs qui pour être plus lointains n'en sont pas moins demeurés vivants.

Nous avons tous présent à l'esprit ce fermier de M. le comte d'Haussonville, insulté, maltraité, enchaîné et emprisonné, pour avoir refusé à des gendarmes le passage à travers son champ.

En fin de compte, lui aussi dut payer l'amende, comme l'honorable M. Comté.

Lui aussi avait eu affaire à des puissants du jour.

Car nos lois d'exception ne sont pas seulement faites en faveur des sénateurs et des princes du sang.

Il est, grâce à elles, des privilégiés de tout ordre et de tout rang.

Que l'on nie maintenant l'esprit d'égalité qui règne dans notre législation.

Que l'on s'indigne encore des prérogatives dont bénéficierait seule une famille auguste.

Le régime impérial est complet.

Il a les mêmes tendresses pour les moindres que pour les plus considérables de ses adeptes.

Il entoure d'une sollicitude égale Pandore et.... Son Altesse.

V

Un dernier mot sur toutes ces incohérences qui révoltent la raison autant qu'elles indignent la justice.

Le plus beau fleuron de la couronne, on l'a dit bien souvent, c'est le droit de grâce.

Admirable, ce droit de grâce, quand il ravit sa proie à l'échafaud, quand il vient en aide au repentir, abrége l'expiation, facilite le retour au bien.

Digne toujours et fécond le plus souvent, s'il s'exerce en matière de droit commun.

En matière politique aussi, le droit de grâce peut avoir sa grandeur et son efficacité, venant ouvrir à l'ennemi prisonnier les portes de son cachot, à l'adversaire exilé la frontière de France.

En certaines occasions, le droit de grâce prend des proportions plus hautes et montre de plus vastes effets. Et son œuvre a nom l'amnistie.

Tant que le gouvernement seul est intéressé, qu'il fasse le plus ample et le plus fréquent usage de ce droit-là.

Ce n'est pas moi, certes, qui m'en plaindrai.

Mais lorsqu'une partie privée s'est trouvée en cause au débat, le droit de grâce peut devenir singulièrement abusif.

Exemple : Un jeune écrivain, connu pour la vivacité de sa polémique et le nombre de ses duels, se laisse aller à diffamer un journaliste opposant.

Ce dernier se fâche, assigne son adversaire en police correctionnelle et le fait condamner à la prison.

L'écrivain ami du pouvoir obtient facilement sa grâce. Mais, répondra-t-il, ou même, si je ne me trompe, a-t-il répondu, j'ai fait une chose bien simple pour obtenir ma grâce : je l'ai demandée.

Outre qu'il peut déplaire aux ennemis du gouvernement de lui demander leur grâce, il n'est pas bien sûr que le gouvernement soit toujours en humeur d'accorder leur grâce à ses ennemis.

Et grâce à cette contrariété de vues aisément présumable, nous en arrivons fatalement à l'impunité pour les écrivains bonapartistes qui auront commis quelque excès de zèle, tandis que leurs contradicteurs supporteront en entier le poids de la chaleur qu'il fait à la sixième chambre.

Et si nous laissons les écrivains officieux pour les fonctionnaires à poigne, combien plus de titres encore ces derniers ne feront-ils pas militer en leur faveur !

Le dévouement à la bonne cause,

L'exaspération du zèle,

Des ordres mal compris et trop bien exécutés,

Etc., etc., etc.

Que de précieuses raisons pour gracier !

Si bien que le malheureux plaideur, ayant triomphé dans une plainte soumise à la juricdition la plus équitable et la plus sûre du monde, ne tardera pas, — ce sera dès le lendemain peut-être — à voir le violateur de son droit se rire en toute sécurité du geôlier, du juge et de lui-même.

Cela ne sera point juste, sans doute, mais cela demeurera permis.

Tant il est vrai qu'on peut faire un usage mauvais des meilleures choses.

Je ne me serais jamais attendu, je l'avoue, à reconnaître des périls dans le droit de grâce.

CONCLUSION.

De tout ce qui précède il suit que je ne repousse et ne dédaigne en aucune façon l'abrogation de l'article 75 de la Constitution du 22 frimaire an VIII.

C'est là certainement la première étape à marquer dans la marche des choses vers la pratique absolue de ce précieux droit commun, l'une des plus grandes mais aussi des plus franchement illusoires conquêtes de 89 (1).

Pour que cette réforme si généralement désirée acquière

(1) Je me hâte d'ajouter qu'à mes yeux toute poursuite intentée de mauvaise foi, ou même simplement dépourvue de prétexte, devra donner, selon le droit commun, ouverture à une demande reconventionnelle en dommages-intérêts. Je ne répugnerais pas même à l'idée d'une pénalité spéciale, venant frapper, sur les réquisitions du ministère public, le demandeur téméraire en une réparation parfaitement immotivée. Troubler arbitrairement le détenteur de la puissance publique, dérober au profit d'une fantaisie personnelle des instants précieux qui appartiennent à tous, et les efforts d'une intelligence dont tous se cotisent pour solder l'emploi, cela peut constituer un délit *sui generis*, et il est bon d'opposer à la multiplicité des plaintes vaines l'éventualité suspendue équitablement d'une répression quelconque.

A deux conditions toutefois.

La première est que l'acquittement du fonctionnaire acquitté ne fera pas foi *a priori* de la témérité de l'inculpation;

La seconde est que la déclaration du fait d'inculpation téméraire ne pourra émaner que du jury.

toute sa plénitude, montre tout son développement et prenne tout le sérieux dont elle est susceptible et digne, il y faut conséquemment ajouter celles que je m'empresse d'indiquer.

En premier lieu, je voudrais une loi virtuelle, efficace au besoin, et sur la responsabilité ministérielle, et sur la responsabilité impériale elle-même, autorisant les représentants de la nation à réclamer justice au nom de la nation, et à répondre par une mise en accusation formelle aux fantaisies comme aux insolences du pouvoir.

J'aimerais fort une organisation judiciaire toute nouvelle, arrachant nos magistrats à tout lien de reconnaissance envers l'exécutif, et plaçant au-dessus de ses volontés les chances légitimes de leur avenir (1).

En attendant, je me contenterais de la compétence universelle du jury en matière de poursuites intentées contre tout fonctionnaire, à raison de sa fonction.

Sans aller jusqu'à réclamer pour chacun le droit de poursuivre tous crimes et délits, concurremment avec le ministère public, j'estime indispensable et juste qu'un intéressé, quel qu'il soit, puisse être admis à saisir la Cour d'assises, comme il est admis à saisir la police correctionnelle. Aussi bien, celui qui a qualité pour se porter partie civile au criminel deviendrait habile à poursuivre au criminel par voie de citation directe.

----

(1) Je ne suis point toutefois le partisan d'une magistrature élective. Ici, comme ailleurs, nous aurions beaucoup à gagner aux enseignements de l'heureuse et libre Belgique; les listes de présentation restreignant le choix du ministre donnent à mes yeux un excellent point de départ.

Je ne pousse point mes prétentions jusqu'à demander l'abolition de la justice militaire. Mais en cas d'action privée, alors surtout que cette action s'exerce à raison de quelque abus, ne serait-il pas indispensable qu'elle fût portée devant un jury ?

En dernier lieu, la limitation du droit de grâce, comme aussi la mise à néant des dispositions tutélaires établies en faveur de personnages vivant à proximité du trône, me semble de toute urgence.

L'impunité dans le favoritisme, la France ne l'admet plus guère.

Que chacun puisse librement poursuivre chacun devant la justice commune, et que le condamné ne puisse échapper à la peine encourue sans l'assentiment de la partie privée ayant obtenu condamnation.

Voilà, très-rapidement esquissé, tout un plan de réformes qui se rapporte impérieusement au grand mouvement d'opinion dirigé contre l'art. 75.

Je le dédie à nos députés.

Le temps des sénatus-consultes n'est plus.

On en a beaucoup abusé.

Jamais Constitution n'a été plus activement retouchée, remaniée, replâtrée, que cette chère Constitution de 1852.

On dirait d'une de ces maisons mal construites au devant desquelles on est obligé de multiplier les étais, grosses vilaines poutres qui, tout en nuisant à l'aspect, ne manquent pas de gêner la circulation.

A force de consolider la façade, on finit par oublier la toiture.

Avis aux architectes.

Hélas! nous les connaissons, ces architectes-là.

Et, à coup sûr, rien de durable ni de solide ne peut se faire par une assemblée stagnante, composée presque entièrement de vieux serviteurs d'un régime qui s'en va, choisis par le promoteur et le bénéficiaire principal de ce même régime.

C'est aux forces vives et toujours renouvelées du pays qu'il appartient de se manifester et d'agir.

Je vois se présenter une objection : le Corps législatif n'a pas de pouvoirs constituants.

Sans doute, mais dans la limite où j'ai tâché de renfermer les quelques *desiderata* qui font l'objet de cet écrit, son initiative récemment proclamée doit lui suffire.

Et s'il pense que l'autorité lui manque pour accomplir dans toute son étendue une aussi recommandable œuvre de justice, une ressource lui reste : Réclamer de sa haute voix, qui est celle de la France entière, l'immédiate réunion d'une Constituante.

ERNEST GERVAIS.

7616 — Paris, imprimerie Jouaust, rue Saint-Honoré, 338.